Schnäpse & Liköre ohne Schnickschnack

EDITION XXL

Inhalt

Vorwort

In vielen Familien war es früher ein willkommenes Ritual: Nach einem guten, üppigen Essen setzte Opa seine geheimnisvolle Miene auf und verschwand in den Keller. Dann kam er mit einem ganz besonderen Schatz aus seiner Sammlung selbst angesetzter Schnäpse und Liköre zurück, der unbedingt gekostet werden musste – zur besseren Verdauung und natürlich auch wegen des guten Geschmacks!

Schon in alten Zeiten wusste man Liköre und Schnäpse zu schätzen: Sie wurden früher in Apotheken und Klöstern hergestellt und galten als Heilmittel. Vor allem die gut ausgestatteten Kräutergärten der Klöster lieferten die Zutaten für die wohltuenden Tröpfchen.

Auch heute noch werden Liköre und Schnäpse gerne nach einem köstlichen Mahl oder auch beim gemütlichen Beisammensein am Abend genossen. Und wenn Sie die Devise „Weniger ist mehr“ beherzigen, ist dagegen auch nichts einzuwenden – vor allem wenn es sich um die guten Erzeugnisse aus Opas Keller handelt. Deren Herstellung ist übrigens gar nicht schwer, wie die vielen Rezepte zeigen, die ich für Sie zusammengestellt habe.

Probieren Sie doch einmal einen fruchtigen Heidelbeerlikör, einen leckeren Quittenschnaps, oder auch einen ausgefallenen Tannenspitzenschnaps. Mit den detaillierten Erklärungen in den Rezepten kann eigentlich nichts schiefgehen und im Ratgeber erfahren Sie, was Sie beim Ansetzen beachten müssen.

Ich wünsche Ihnen gutes Gelingen – und wohl bekomms!

Ihr Georg Bangert

Ratgeber

Likör oder Schnaps?
Ob es sich bei einem hochprozentigen Getränk um Likör oder Schnaps handelt, spielte früher eine eher untergeordnete Rolle – was zählte, war alleine der gute Geschmack!

Allerdings gibt es einige Anhaltspunkte zur Orientierung: Likör zeichnet sich durch einen relativ hohen Zuckergehalt aus. Nach den gesetzlichen Bestimmungen spricht man von Likör, wenn die Zuckerkonzentration mindestens 100 g pro Liter beträgt. Ob Ihr Produkt nun als Likör oder – falls es weniger Zucker enthält – als Schnaps bezeichnet wird, bleibt bei der Herstellung für den privaten Verbrauch letztlich Ihnen überlassen.

Werkzeuge und Hilfsmittel
Zum Ansetzen von Likören und Schnäpsen benötigen Sie nur wenige Utensilien, die sich vermutlich sowieso in Ihrem Haushalt befinden. Die wichtigsten sind im Folgenden beschrieben.

Gefäße zum Ansetzen
Zum Ansetzen von Likör und Schnaps sollten Sie möglichst ein Glasgefäß verwenden, denn Metall- oder Kunststoffbehälter sind wegen eventueller chemischer Reaktionen nicht geeignet. Wünschenswert ist eine weite Öffnung, damit auch ganze Früchte problemlos hineingegeben werden können. Praktisch sind z. B. gut gereinigte große Gurkengläser mit Twist-off-Deckel oder große Einmachgläser. Auch Apothekerflaschen mit Glaspfropfen oder ein Glasballon sind geeignete Gefäße.

Flaschen zum Abfüllen
Prinzipiell können Liköre und Schnäpse in jede Art von Flaschen abgefüllt werden. Wichtig ist dabei, dass sie gut gereinigt und verschließbar sind. Wenn Sie Ihren selbstgemachten Schnaps oder Likör allerdings verschenken möchten, empfiehlt sich die Anschaffung von schönen Flaschen und Karaffen. Das Angebot ist groß und vielfältig. Natürlich können Sie auch der Einfachheit halber die Flasche wiederverwenden, aus der der Ansatzalkohol stammt. Vermutlich ist diese aus hygienischer Sicht (da sie ursprünglich Alkohol enthalten hat) immer noch einwandfrei und muss nicht noch einmal extra gereinigt werden.

Sieb und Tuch zum Filtern
Um den Ansatz nach Ablauf der Ziehzeit zu filtern, benötigen Sie ein Sieb und ein grobes Leinen- oder Mulltuch. Legen Sie das Sieb mit dem Tuch aus und hängen Sie es über eine Schüssel, damit die Flüssigkeit darin aufgefangen werden kann. Nun wird der Ansatz in das Sieb geschüttet und mithilfe des Tuchs gefiltert.

Enthält der Ansatz viele Früchte, dann können Sie diese mit dem Tuch noch etwas ausdrücken. Bei dieser Methode der Filterung gelangen die fruchteigenen Pektine mit in die Flüssigkeit, was zu einer leicht trüben Färbung führen kann. Die Pektine setzen sich aber im Lauf der Zeit auf dem Flaschenboden ab und beeinträchtigen die geschmackliche Qualität in keiner Weise.

Wenn Sie Wert darauf legen, dass Ihr Schnaps oder Likör besonders klar ist, können Sie ihn auch durch einen Kaffeefilter gießen.

Trichter

Ein Trichter ist hilfreich, um Liköre und Schnäpse aus dem Ansatz- oder Auffanggefäß in die endgültige Flasche abzufüllen, ohne dass etwas danebenläuft.

Geeignete Verschlüsse

Sowohl die Gefäße zum Ansetzen als auch die Flaschen, in die am Ende abgefüllt wird, sollten gut verschließbar sein. Dafür eignen sich intakte Twist-off-Deckel, Flaschendrehverschlüsse oder auch fest sitzende Pfropfen aus Kork. Karaffen oder Apothekerflaschen können mit den passenden Glaspfropfen verschlossen werden.

Hygiene

Die Gefäße zum Ansetzen und die Flaschen zum Abfüllen sollten vor dem Gebrauch immer sorgfältig mit heißem Wasser gereinigt werden. Zwar wirkt Alkohol antiseptisch und verhindert so die Ausbreitung von Bakterien und Schimmelpilzen, doch wenn in Ihrem Gefäß vorher Essiggurken oder Heringe lagerten, dann beeinträchtigt das den Geschmack Ihrer Spirituose.

Alkohol zum Ansetzen

Welchen Alkohol Sie für Ihren Ansatz verwenden, hängt vom Geschmack und vom Preis ab. Allerdings sollten Sie auf gute Qualität achten, denn ein minderwertiger Alkohol lässt sich auch durch Früchte und Kräuter nicht in ein hochwertiges Getränk verwandeln. Bei Schnäpsen und Likören kommt es auch nicht auf die Stärke, sondern vielmehr auf einen harmonischen Geschmack an.

Wird dem Ansatz Zucker zugefügt, so überdeckt der süße Geschmack die Schärfe des Getränks und man wird schnell zu übermäßigem Genuss verleitet! Die genaue Bestimmung des Alkoholgehalts

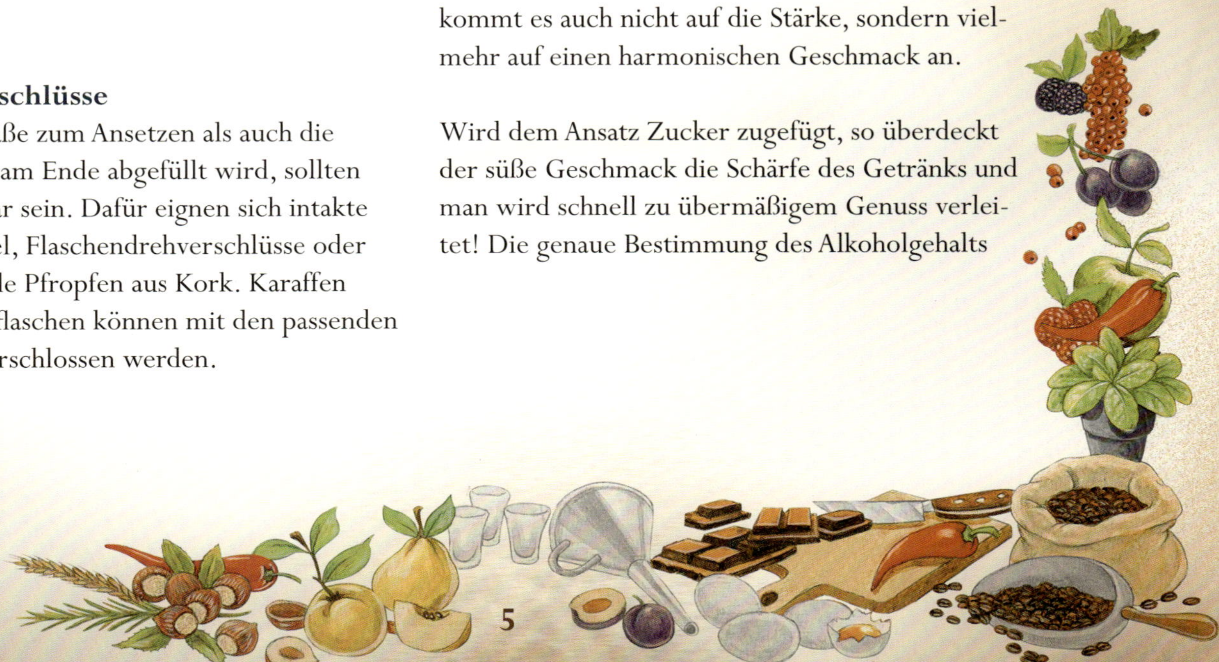

Ihres Getränks ist nur mit speziellen Messgeräten möglich. Diese benötigen Sie aber für den Privatgebrauch nicht. Sie können von der Alkoholkonzentration Ihres Ansatzalkohols ausgehen, die allerdings durch den Wassergehalt der Früchte vermindert werden kann. Der bei den Rezepten angegebene ungefähre Alkoholgehalt dient lediglich Ihrer Orientierung.

Korn oder Doppelkorn (Kornbrand) wird aus Getreide wie Weizen, Gerste, Roggen, Hafer oder Buchweizen hergestellt. Korn hat einen Alkoholgehalt von mindestens 32 Vol.-% und Doppelkorn von 38 Vol.-%. Geschmacklich ist er neutral und eignet sich deshalb besonders gut für den Ansatz mit Früchten.

Weinbrand wird durch Destillation von Wein gewonnen und anschließend in Eichenholzfässern gelagert. Sein Alkoholgehalt beträgt mindestens 36 Vol.-%. Wegen seines milden Geschmacks ist er gut geeignet für Ansätze mit stark aromatischen Früchten, wie z. B. Himbeeren oder Erdbeeren.

Obstler oder Obstbrand wird meist aus Äpfeln, Birnen oder Zwetschgen hergestellt. Der Alkoholgehalt beträgt mindestens 37,5 Vol.-%. Aufgrund seines relativ neutralen Geschmacks ist der Obstler zum Ansetzen von Schnäpsen und Likören sehr gut geeignet.

Rum wird aus Zuckerrohrmelasse hergestellt und enthält mindestens 37,5 Vol.-% Alkohol. Er wird in Eichenholzfässern gelagert, was ihm seine braune Farbe verleiht. Weißer Rum wird hingegen in Edelstahlfässern gelagert. Rum besitzt einen aromatischen Eigengeschmack, weshalb er nicht für alle Ansätze geeignet ist – er sollte geschmacklich zu den Früchten passen.

Wodka wird meistens aus Getreide, häufig auch aus Kartoffeln, hergestellt und sollte mindestens 40 Vol.-% Alkohol aufweisen. Zum Ansetzen von Likören und Schnäpsen eignet er sich wegen seines neutralen Geschmacks sehr gut.

Früchte und Beeren

Zum Ansetzen von Likören und Schnäpsen sind sämtliche Beeren und Früchte mit hohem Zucker- und Säuregehalt gut geeignet. Wichtig ist, dass die verwendeten Früchte reif und einwandfrei sind. Die meisten Früchte werden für den Ansatz zerkleinert. Kirschen und ganze Beeren können mit einer Nadel angestochen werden, damit der Alkohol ihr Aroma besser aufnimmt. Verwenden Sie frische Früchte der Saison, da diese das beste Aroma aufweisen. Auch in der Natur finden sich Beeren und Früchte, die zum Ansetzen verwendet werden können. Hier sollten Sie sich allerdings genauestens vergewissern, dass diese keine Gefahr für die Gesundheit darstellen!

Kräuter und Gewürze

Zum Ansetzen kann man auf das gesamte Spektrum an Wild- und Küchenkräutern sowie Gewürzen zurückgreifen. Spirituosen mit Kräutern haben eine lange Tradition: Überlieferungen von Rezepten gehen bis ins 16. Jahrhundert zurück. Allerdings enthielten die damaligen Rezepturen wesentlich weniger Zucker, da dieser selten und teuer war. Viele der Kräuterliköre und -schnäpse enthielten Zutaten, deren wohltuende Wirkung auf den Magen und die Verdauungsorgane bis heute geschätzt wird, so z. B. Zimt, Nelken, Ingwer, Wermut, Kümmel oder Pfefferminze.

Saisontabelle für Früchte und Beeren

	Jan.	Feb.	März	April	Mai	Juni	Juli	Aug.	Sept.	Okt.	Nov.	Dez.
Äpfel								■	■	■	■	
Basilikum	■	■	■	■	■	■	■	■	■	■	■	■
Birnen								■	■	■		
Brombeeren								■	■			
Erdbeeren					■	■	■	■				
Hagebutten							■	■	■	■	■	
Heidelbeeren								■				
Himbeeren						■	■	■				
Holunder								■	■			
Johannisbeeren, rot						■	■	■				
Johannisbeeren, schw.							■	■				
Kirschen						■	■	■				
Quitten									■	■	■	
Rhabarber			■	■	■	■						
Schlehen										■	■	■
Stachelbeeren						■	■	■				
Waldmeister					■							
Weintrauben									■	■	■	
Zwetschgen							■	■	■			

Kümmelschnaps

ca.
38 Vol.-%

Zutaten:
(für ca. 2 Flaschen à 350 ml)

3 EL Kümmelsamen
1 TL Zucker
ein paar Körner Meersalz
700 ml Doppelkorn,
38 Vol.-%

Zubereitung:

1. Den Kümmel in einem Mörser zerstoßen bzw. in eine Mühle oder Küchenmaschine geben und grob zerkleinern.

2. Den zerkleinerten Kümmel mit dem Zucker und dem Meersalz in ein fest verschließbares Glasgefäß geben. Mit dem Schnaps auffüllen, ca. 8 Wochen an einem dunklen Ort ziehen lassen und gelegentlich schütteln.

3. Nach dieser Zeit den Schnaps durch ein doppelt zusammengelegtes Mulltuch abschütten und in Glasflaschen umfüllen.

Wussten Sie …

… dass dieser Schnaps erst bei einigen Graden unter null sein volles Aroma entfaltet? Für fast alle Kümmelschnäpse gilt die grundsätzliche Regel, dass sie gut gekühlt bis eiskalt getrunken werden sollten. Bei einem Alkoholgehalt von ca. 40 Vol.-% gefriert der Schnaps in der Flasche erst bei ca. minus 22 °C.

Chilischnaps

ca. 40 Vol.-%

Zutaten:
(für ca. 2 Flaschen à 350 ml)

3 rote Chilischoten
1 TL weißer Kandiszucker
ein paar Körner Meersalz
700 ml Wodka, 40 Vol.-%

Zubereitung:

1. Die Chilischoten waschen, mit einem scharfen Messer halbieren und die Kerne mit der Messerspitze entfernen. Ziehen Sie sich für diese Arbeit am besten Haushaltshandschuhe an oder waschen Sie sich anschließend gründlich die Hände. Chilisaft wirkt auf die Schleimhäute (Augen, Lippen, Nase usw.) sehr ätzend.

2. Die halbierten Chilischoten mit dem Zucker und dem Meersalz in ein fest verschließbares Glasgefäß geben und mit dem Wodka auffüllen.

3. Den Ansatz ca. 8 Wochen an einem dunklen Ort ziehen lassen, dabei gelegentlich schütteln.

4. Nach dieser Zeit den Schnaps durch ein Mull- oder Leinentuch füllen und in Flaschen abfüllen.

Wussten Sie …

… dass Chilis botanisch gesehen keine Schoten, sondern Beeren sind? Beim Einkauf von frischen Früchten sollten Sie darauf achten, dass die Chilis eine glatte, glänzende Haut haben.

Ingwerschnaps

ca.
35 Vol.-%

Zutaten:
(für ca. 2 Flaschen à 350 ml)

1 Stück Ingwer (ca. 5 cm lang
 und 2 cm dick)
½ Zimtstange
1 TL Kardamomkapseln
½ Vanillestange
50 g Kandiszucker
ein paar Körner Meersalz
1 Stängel Rosmarin
700 ml Obstbrand, 38 Vol.-%

Zubereitung:

1. Den Ingwer schälen und in feine Streifen schneiden. Die Zimtstange und die Kardamomkapseln mit einem breiten Messer zerdrücken und die Vanillestange aufschneiden.

2. Den Zimt, den Kardamom, die Vanillestange, ⅔ des Ingwers, den Kandiszucker und das Meersalz in einen Topf geben, 70 ml Wasser hinzufügen und einmal aufkochen. Alles im Topf erkalten lassen.

3. Nach dem Abkühlen das Ganze durch ein Mull- oder Leinentuch abschütten. Den Sud in ein fest verschließbares Glasgefäß füllen, den restlichen Ingwer und den Rosmarinzweig dazugeben und alles mit dem Schnaps auffüllen.

4. Den Ansatz ca. 8 Wochen an einem dunklen Ort ziehen lassen und dabei gelegentlich schütteln.

Wussten Sie …

… dass Zubereitungen aus der Ingwerwurzel entzündungshemmend und anregend auf die Magensaft-, Speichel- und Gallebildung wirken sollen? Die frischen Ingwerknollen können Sie übrigens eingepackt im Kühlschrank einige Wochen aufbewahren. Geschälter Ingwer bleibt bis zu 3 Wochen saftig und frisch, wenn Sie ihn in ein Glas mit Schraubverschluss geben, das Glas mit Sherry auffüllen und das Ganze verschlossen und kühl lagern.

Basilikumschnaps

ca. 36 Vol.-%

Zutaten:
(für ca. 2 Flaschen à 350 ml)

1 Bund frisches Basilikum
700 ml Gin, 40 Vol.-%
3 EL weißer Kandiszucker
ein paar Körner Meersalz

Zubereitung:

1. Das Basilikum abbrausen, ausschütteln und mit einem scharfen Messer grob zerkleinern. Alles in ein fest verschließbares Glasgefäß geben und mit dem Gin übergießen. Den Ansatz ca. 7 Tage an einem dunklen Ort ziehen lassen und dabei gelegentlich schütteln.

2. Nach dieser Zeit den Zucker und das Meersalz mit 70 ml Wasser erhitzen und so lange rühren, bis der Zucker geschmolzen ist. Das Zuckerwasser abkühlen lassen.

3. Den Basilikumansatz durch ein Mull- oder Leinentuch abfiltern und mit dem Zuckerwasser vermischen.

4. Für eine schöne Dekoration können Sie z. B. ein paar frische Basilikumstängel mit Blättern in Glasflaschen geben und mit dem vorbereiteten Schnaps auffüllen.

Wussten Sie …

… dass Basilikum eine beruhigende und verdauungsfördernde Wirkung hat? Er soll darüber hinaus Blähungen verhindern.

Rosmarinschnaps

ca.
37 Vol.-%

Zutaten:
(für 2 Flaschen à 350 ml)

10 Stängel Rosmarin
700 ml Wodka, 40 Vol.-%
3 EL weißer Kandiszucker
ein paar Körner Meersalz

Zubereitung:

1. Den Rosmarin abbrausen, ausschütteln und die Nadeln von den Stängeln streifen.

2. Die Rosmarinnadeln in ein fest verschließbares Glasgefäß geben. Den Wodka darüber schütten und das Ganze ca. 6 Wochen an einem dunklen Ort ziehen lassen, dabei gelegentlich schütteln.

3. Nach dieser Zeit den Zucker und das Meersalz mit 50 ml Wasser erhitzen und darin auflösen.

4. Den Rosmarin-Wodka-Ansatz durch ein Mull- oder Leinentuch abfiltern, mit der Zuckerlösung vermischen und in Glasflaschen füllen. Zur Dekoration eignet sich beispielsweise ein frischer Stängel Rosmarin.

Wussten Sie …

… dass Rosmarin auch schon als Bitterstoff im Bier oder als Ersatz für Weihrauch verwendet wurde? Das südeuropäische Gewürzkraut hat einen intensiven, aromatischen Geruch und sein harzig-pikanter, leicht bitterer Geschmack ähnelt dem von Kampfer und Eukalyptus. Rosmarin hat eine starke Würzkraft und sollte immer vorsichtig dosiert werden.

Tannenspitzenschnaps

Zutaten:
(für ca. 2 Flaschen à 500 ml)

1 Handvoll junge, hellgrüne Tannenspitzen
2 EL Waldhonig
1 l Doppelkorn, 38 Vol.-%

Zubereitung:

1. Die abgepflückten Tannenspitzen abbrausen, auf Küchenkrepp trocknen und in ein fest verschließbares Glasgefäß geben.

2. Den Honig in das Gefäß dazugeben und mit dem Doppelkorn auffüllen.

3. Den Ansatz ca. 8 Wochen an einem dunklen Ort ziehen lassen, dabei gelegentlich schütteln.

4. Anschließend den Ansatz durch ein Mull- oder Leinentuch abfiltern und in Glasflaschen abfüllen.

ca. 38 Vol.-%

Wussten Sie …

… dass dieser Schnaps im Frühjahr hergestellt wird? Denn nur dann gibt es wirklich schöne junge, hellgrüne Spitzen an den Tannen.

Zimtgeist

Zutaten:

(für ca. 2 Flaschen à 500 ml)

4 Zimtstangen
3 EL Zucker
1 l Wodka, 40 Vol.-%

ca. 37 Vol.-%

Zubereitung:

1. Zwei der Zimtstangen mit einem breiten Messer zerdrücken. Anschließend den Zimt mit dem Zucker und 70 ml Wasser in einen Topf geben. Das Ganze aufkochen und im Topf erkalten lassen.

2. Den entstandenen Sud durch ein doppelt zusammengelegtes Mulltuch abfiltern.

3. Die restlichen Zimtstangen in ein fest verschließbares Glasgefäß geben, den gefilterten Sud dazugeben und mit dem Wodka auffüllen.

4. Den Ansatz ca. 8 Wochen an einem dunklen Ort ziehen lassen, dabei gelegentlich schütteln.

Wussten Sie …

… dass Zimt wohltuend wirkt? Kaum ein Gewürz erinnert uns stärker an den Winter und an Weihnachten. Er entspannt nicht nur den Geist und hebt die Stimmung, sondern wärmt auch unseren Körper und regt die Sinnlichkeit an. Daher gilt er schon von alters her als Aphrodisiakum.

Anisschnaps (Ouzo)

Zutaten:
(für ca. 2 Flaschen à 350 ml)

0,7 l Wodka, 40 Vol.-%
50 g Kandiszucker
6–8 Tropfen Anisöl

Zubereitung:

1. In eine große Flasche oder ein anderes, verschließbares Glasgefäß den Wodka einfüllen. Den Kandiszucker und das Anisöl dazugeben. Die Flasche fest verschließen und gut schütteln.

2. Den Anisschnaps ca. 1 Woche ziehen lassen, bis der Kandiszucker aufgelöst ist. Dabei ab und zu schütteln.

3. Den Anisschnaps in Flaschen abfüllen und noch ein paar Tage ruhen lassen.

Wussten Sie …

… dass Anisschnaps eine milchige Färbung erhält, wenn er mit Wasser gemischt wird? Der Grund sind die ätherischen Öle des Anis, die sich in Wasser nicht auflösen. Je mehr Anis im Schnaps ist, umso milchiger wird er.

Haselnussschnaps

Zutaten:
(für ca. 2 Flaschen à 350 ml)

250 g Haselnüsse
700 ml Wodka, 40 Vol.-%

Zubereitung:

1. In einer Pfanne ohne Fett die Haselnüsse goldbraun rösten. Alternativ können die Nüsse auch im Backofen bei 200 °C geröstet werden. Dann die Haselnüsse auf ein Geschirrtuch geben und die Schale damit abreiben.

2. Die Nüsse in ein großes Einmachglas oder ein ähnliches Gefäß geben und den Wodka darübergießen. Gut verschließen und ca. 3 Wochen an einem dunklen, kühlen Ort ziehen lassen.

3. Nach Ablauf der 3 Wochen durch ein Leinen- oder Mulltuch filtern und in Flaschen abfüllen.

Wacholdergeist

ca.
40 Vol.-%

Zutaten:

(für ca. 2 Flaschen à 350 ml)

3 EL Wacholderbeeren
5 mittelgroße Stücke brauner Kandiszucker
ein paar Körner Meersalz
700 ml Wodka, 40 Vol.-%

Zubereitung:

1. Die Wacholderbeeren etwas zerdrücken. Mit dem Kandiszucker und dem Meersalz in ein fest verschließbares Glasgefäß geben und mit dem Wodka auffüllen.

2. Den Ansatz ca. 8 Wochen an einem dunklen Ort ziehen lassen und gelegentlich schütteln.

3. Dann den Ansatz durch ein Mull- oder Leinentuch abfiltern und den Schnaps in Glasflaschen umfüllen.

4. Zur Dekoration können Sie einige Esslöffel ganze Wacholderbeeren in die Flasche geben. Durch die austretenden ätherischen Öle der Beeren verfärbt sich der Schnaps mit der Zeit und die Öle setzen sich ab. Daher sollten Sie die Flasche öfter schütteln.

Wussten Sie ...

... dass das ätherische Öl, das einen großen Bestandteil der Wacholderbeeren ausmacht, den menschlichen Stoffwechsel günstig beeinflussen soll? Bei innerer Anwendung soll es z. B. blutreinigend und harntreibend wirken, äußerlich angewendet die Durchblutung stärken.

Schlehengeist

ca. 36Vol.-%

Wussten Sie …

… dass Schlehen vor allem an Waldrändern wachsen? Die Beeren werden Ende Oktober bis Anfang Dezember gepflückt. Sie werden nicht nur zur Herstellung von Likören, Fruchtweinen und Schnäpsen genutzt, sondern auch zu köstlichen Marmeladen und Fruchtsäften verarbeitet.

Zutaten:

(für 3 Flaschen à 250 ml)

200 g frische Schlehen
2 EL Kandiszucker
ein paar Körner Meersalz
700 ml Korn, 36 Vol.-%

Zubereitung:

1. Die Schlehen waschen, mit einer Gabel mehrmals anstechen oder mit einem scharfen Messer über Kreuz einschneiden.

2. Die Schlehen mit dem Kandiszucker und dem Meersalz in ein fest verschließbares Glasgefäß geben und mit dem Korn aufgießen.

3. Den Ansatz ca. 8 Wochen an einem dunklen Ort ziehen lassen und gelegentlich schütteln. Dann durch ein Tuch filtern und in Flaschen abfüllen.

Quittenschnaps

Zutaten:
(für ca. 2 Flaschen à 500 ml)

400 g Apfelquitten
80 g weißer Kandiszucker
1 l Korn, 32 Vol.-%

1

Zubereitung:

1. Die Quitten abreiben und in Stücke schneiden. Mit dem Zucker in ein sauberes Glasgefäß mit weiter Öffnung geben.

2. Mit dem Korn übergießen und das Gefäß fest verschließen.

2

3. Den Ansatz ca. 2 Wochen kühl und dunkel ruhen lassen. Das Gefäß regelmäßig schwenken, damit sich der Zucker vollständig löst.

4. Die Flaschen gründlich mit heißem Wasser reinigen und trocknen lassen. Ein Sieb mit einem Tuch auslegen und in eine Schüssel hängen. Den Schnaps in das Sieb schütten, filtern und in die vorbereiteten Flaschen füllen.

3

ca.
32 Vol.-%

Apfelschnaps

Zutaten:

(für ca. 4 Flaschen à 250 ml)

750 g Äpfel
3 Gewürznelken
½ Stange Zimt
1 l Doppelkorn, 40 Vol.-%

Zubereitung:

1. Die Äpfel waschen, halbieren, vom Kerngehäuse befreien und in Stücke schneiden. Nicht schälen, da die Apfelschalen den Geschmack verstärken!

2. Die Apfelstücke in ein großes Einmachglas geben, die Gewürznelken und den Zimt hinzufügen und mit dem Doppelkorn übergießen. Das Glas gut verschließen und an einem warmen Ort 4 bis 5 Wochen ziehen lassen.

3. Den Ansatz durch ein Leinen- oder Mulltuch filtern und in Flaschen füllen. Der Schnaps sollte noch 3 Monate reifen.

Birnenschnaps

ca. 38 Vol.-%

Zutaten:

(für ca. 3 Flaschen à 250 ml)

750 g reife Birnen
75 g Zucker
1 EL Zitronensaft
750 ml Doppelkorn, 38 Vol.-%

Wussten Sie …

… dass es weltweit fast 5000 Sorten Birnen gibt? Die Früchte enthalten viel Kalium und Kalzium und regen dadurch den Stoffwechsel an.

Zubereitung:

1. Die Birnen waschen, vom Kerngehäuse befreien und in Stücke schneiden. Nicht schälen, da die Schale auch Aroma abgibt.

2. Die Birnenstücke in ein großes Einmachglas oder ein anderes Gefäß füllen und den Zucker und den Zitronensaft dazugeben. Mit dem Doppelkorn begießen und alles vermischen.

3. Das Gefäß fest verschließen und 3 bis 4 Wochen an einem warmen Ort ziehen lassen. Dabei ab und zu schütteln.

4. Die Mischung durch ein Leinentuch filtern, dabei die Birnenstücke gut ausdrücken. Den Birnenschnaps in Flaschen abfüllen und noch weitere 4 Wochen an einem kühlen, dunklen Ort ruhen lassen.

Zwetschgenschnaps

Zutaten:

(für ca. 3 Flaschen à 500 ml)

ca. 36 Vol.-%

1 kg Zwetschgen
1 Zimtstange
2 Gewürznelken
200 g Zucker
2 Flaschen Doppelkorn, 38 Vol.-% (à 0,7 l)

Wussten Sie ...

... dass es einen Unterschied zwischen Pflaumen und Zwetschgen gibt? Pflaumen sind saftiger und Zwetschgen haben festeres Fruchtfleisch. Für unser Schnapsrezept können Sie beide Sorten verwenden.

Zubereitung:

1. Die Zwetschgen mit einem trockenen Tuch abreiben, aufschneiden und entkernen. In ein großes verschließbares Gefäß geben. Die Zimtstange, die Gewürznelken und den Zucker hinzufügen und alles vermischen.

2. Den Doppelkorn darübergießen, das Gefäß gut verschließen und ca. 3 Wochen an einem kühlen, dunklen Ort ziehen lassen. Dabei ab und zu umrühren.

3. Den Ansatz durch ein Leinen- oder Mulltuch filtern, in Flaschen abfüllen und weitere 3 bis 4 Wochen ruhen lassen.

Kirschschnaps

Zutaten:

(für ca. 4 Flaschen à 350 ml)

1 kg Kirschen
Schale einer unbehandelten Zitrone
1 Zimtstange
4 Gewürznelken
125 g Zucker
1 l Doppelkorn, 38 Vol.-%

Zubereitung:

1. Die Kirschen waschen und entkernen. In einem großen Topf die Kirschen zusammen mit 250 ml Wasser, der Zitronenschale, der Zimtstange, den Gewürznelken und dem Zucker erhitzen. Solange köcheln lassen, bis eine breiige Masse entsteht. Abkühlen lassen.

2. Den Doppelkorn hinzufügen und gut vermischen. In ein großes Glas oder ein anderes verschließbares Gefäß füllen und 2 bis 3 Monate an einem dunklen und kühlen Ort stehen lassen. Dabei gelegentlich schütteln.

3. Den Ansatz durch ein Leinen- oder Mulltuch filtern und in die Flaschen abfüllen.

ca.
27 Vol.-%

Johannisbeerschnaps

Zutaten:

(für ca. 2 Flaschen à 500 ml)

400 g rote Johannisbeeren
2 EL Zucker
1 l Doppelkorn, 38 Vol.-%

Zubereitung:

1. Die Johannisbeeren verlesen, waschen und von den Rispen zupfen. Zusammen mit dem Zucker in ein großes Glas oder ein anderes verschließbares Gefäß füllen.

2. Den Doppelkorn darübergießen, alles gut vermischen und das Gefäß fest verschließen. An einem dunklen, kühlen Ort ca. 4 Wochen ziehen lassen.

3. Den Ansatz durch ein Leinen- oder Mulltuch filtern und in Flaschen abfüllen. Dann weitere 3 bis 4 Monate reifen lassen.

ca. 38 Vol.-%

Wussten Sie …

… dass Sie den Schnaps auch aus schwarzen Johannisbeeren bzw. einer Mischung aus roten und schwarzen Johannisbeeren zubereiten können? Wichtig ist, dass Sie die Vitamin-C-haltigen Beeren erst dann ernten, wenn sie wirklich reif sind, denn nur dann können sie ihr Aroma voll entfalten.

Rhabarberschnaps

Zutaten:
(für ca. 2 Flaschen à 500 ml)

1 kg Rhabarber
6 Päckchen Vanillezucker
700 ml Wodka, 40 Vol.-%

ca.
28 Vol.-%

Zubereitung:

1. Den Rhabarber waschen, putzen und in Stücke schneiden. In einem großen Topf zusammen mit 200 ml Wasser zum Kochen bringen und ca. 10 Minuten köcheln lassen.

2. Über eine große Schüssel ein Sieb hängen und den Rhabarber darin abtropfen lassen.

3. Den aufgefangenen Saft mit dem Vanillezucker vermischen und noch einmal kurz aufkochen.

4. Den Wodka dazugießen, in Flaschen abfüllen und kühl und dunkel lagern.

Wussten Sie …

… dass die in Rhabarber enthaltene Oxalsäure für das stumpfe Gefühl, das er auf den Zähnen hinterlässt, verantwortlich ist? Die meiste Oxalsäure befindet sich in den Blättern, deswegen dürfen diese nicht verzehrt werden.

Ananasschnaps

Zutaten:
(für ca. 4 Flaschen à 200 ml)

ca. 33 Vol.-%

500 g frische Ananas
100 g weißer Kandiszucker
2 EL Hagelzucker
700 ml Doppelkorn, 38 Vol.-%

Zubereitung:

1. Den Kandiszucker mit 70 ml Wasser in einen Topf geben, aufkochen und dann abkühlen lassen.

2. Die Ananas schälen und in so kleine Würfel schneiden, dass diese durch einen Flaschenhals passen.

3. Das abgekühlte Zuckerwasser mit dem Doppelkorn vermischen.

4. Den Hagelzucker und die Ananasstücke in ein fest verschließbares Glasgefäß geben und mit dem Zucker-Schnaps-Gemisch auffüllen. Ein weiteres schönes Dekorationselement wäre z. B. ein Stängel Zitronenmelisse.

5. Den Ansatz ca. 8 Wochen an einem dunklen Ort ziehen lassen und dabei gelegentlich schütteln.

Wussten Sie …

… dass man diesen Schnaps auch mit dem Saft einer frisch gepressten Ananas herstellen kann? Nach dem Auspressen lösen Sie den Kandiszucker in etwas Wasser auf und vermischen das Ganze mit dem Saft und dem Doppelkorn. Auch bei dieser Variante sollten Sie den Schnaps noch ca. 8 Wochen reifen lassen, um sein volles Aroma genießen zu können.

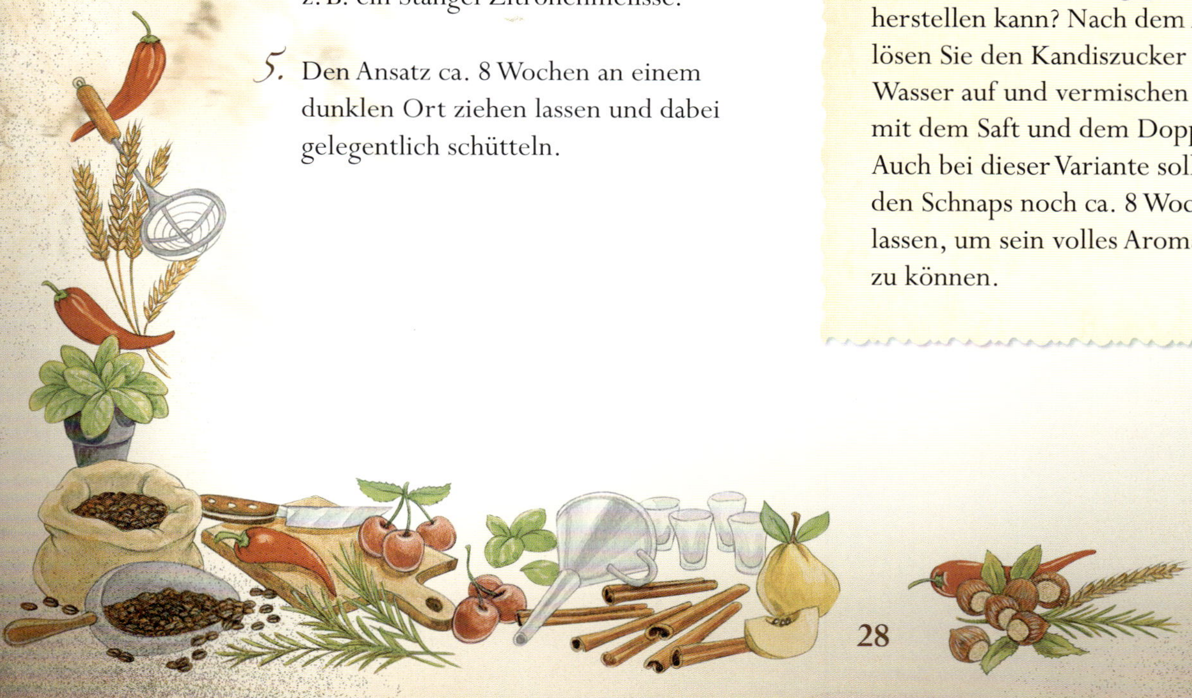

Klosterlikör

Zutaten:

(für ca. 2 Flaschen à 350 ml)

1 unbehandelte Zitrone
5 Wacholderbeeren
1 Zimtstange
1 Stängel Pfefferminze
3 Salbeiblätter
1 Stängel Basilikum
3 Lorbeerblätter
2 Stängel Rosmarin
1 TL Kamillenblüten
2 Gewürznelken
1 Prise Safran
3 EL brauner Kandiszucker
700 ml Doppelkorn, 38 Vol.-%

ca. 38 Vol.-%

Zubereitung:

1. Mit einer feinen Reibe von der Zitrone die Schale abreiben und dann die Zitrone auspressen.

2. Die Wacholderbeeren und die Zimtstange mit einem breiten Messer zerdrücken.

3. Alle übrigen Zutaten zusammen mit dem Zitronensaft, der Zitronenschale, dem Wacholder und dem Zimt in ein fest verschließbares Glasgefäß geben und mit dem Doppelkorn übergießen. Diese Kräutermischung ca. 8 Wochen an einem dunklen Ort ziehen lassen, gelegentlich schütteln.

4. Danach den Ansatz durch ein Mull- oder Leinentuch in Glasflaschen abfiltern.

Pfefferminzlikör

ca. 26 Vol.-%

Zutaten:

(für ca. 2 Flaschen à 350 ml)

5 Stängel Pfefferminze
1 unbehandelte Orange
1 Gewürznelke
1 Msp. Muskatblüten
3 EL weißer Kandiszucker
500 ml Korn, 36 Vol.-%

Zubereitung:

1. Zunächst mit einem Zestenreißer von der Orange die Hälfte der Schale abziehen. Die Pfefferminzstängel, die Orangenschale, die Gewürznelke und die Muskatblüten in ein fest verschließbares Glasgefäß geben und mit dem Korn auffüllen.

2. Den Ansatz ca. 8 Wochen an einem dunklen Ort ziehen lassen und gelegentlich schütteln.

3. Nach dieser Zeit 200 ml Wasser erhitzen, den Zucker darin auflösen und warten, bis die Zuckerlösung erkaltet ist. Anschließend den Ansatz abfiltern und die Zuckerlösung mit dem Korn in Glasflaschen abfüllen.

4. Zur Dekoration der Flaschen eignen sich hier beispielsweise frische Pfefferminzstängel und einige Orangenzesten.

Kräuterlikör

Zutaten:

(für ca. 4 Flaschen à 300 ml)

1 TL Thymian
1 TL Rosmarin
4 Salbeiblätter
4 Kardamomkapseln
2 Lorbeerblätter
1 Zimtstange
2 Sternanis

Kräutermischung aus je 1 TL Baldrian, Eukalyptus, Beifuß, Melisse, Weinraute, Ysop, schwarze Edelraute und Hopfenzapfen (diese Mischung in der Apotheke bestellen)
4 EL brauner Kandiszucker
700 ml Wodka, 40 Vol.-%

Zubereitung:

1. Alle Kräuter in ein fest verschließbares Glasgefäß geben. 500 ml Wasser in einem Topf erhitzen, den Zucker zugeben und so lange rühren, bis er geschmolzen ist.

2. Den Sirup bis zu einer Temperatur von 30 °C abkühlen lassen und dann über die Kräuter gießen. Das Ganze ca. 30 Minuten ziehen lassen. Im Anschluss den Wodka hinzugeben.

3. Den Ansatz ca. 8 Wochen an einem dunklen Ort ziehen lassen, gelegentlich schütteln. Nach dieser Zeit den Kräutersud durch ein Mull- oder Leinentuch abfiltern und den Kräuterlikör in Glasflaschen abfüllen.

Wussten Sie …

… dass man durch Gärung mittels Hefen nur Alkoholgehalte von ca. 14 Vol.-% erzielen kann, da die Hefezellen bei höheren Alkoholkonzentrationen absterben? Hochprozentiger oder gar reiner Alkohol konnte erst durch die Erfindung der Destillation erzeugt werden, die ab dem 11. Jahrhundert in größeren Mengen möglich war. Aus dieser Zeit stammen auch die ersten Kräuterliköre, die vermutlich von weisen Frauen und Mönchen als Medizin verabreicht wurden.

ca.
23 Vol.-%

Rosenlikör

ca. 36 Vol.-%

Zutaten:
(für ca. 4 Flaschen à 250 ml)

4 Tassen unbehandelte Rosenblätter
250 ml Weingeist
400 g Zucker
250 ml Weißwein
250 ml Doppelkorn, 38 Vol.-%

Zubereitung:

1. Die Rosenblätter verlesen und von eventuell vorhandenen Insekten befreien. In ein Einmachglas geben, mit dem Weingeist übergießen und das Glas fest verschließen. 4 Wochen ziehen lassen.

2. Nach Ablauf der 4 Wochen 250 ml Wasser mit dem Zucker und dem Weißwein in einen Topf geben, aufkochen und ca. 3 Minuten köcheln lassen. Die Zuckerlösung abkühlen lassen.

3. Den Rosenblätter-Ansatz durch einen Filter gießen. Anschließend mit dem Korn nachspülen und die Blätter von Hand auspressen.

4. Das Rosenblattextrakt mit der Zuckerlösung vermischen und in Flaschen abfüllen.

Wussten Sie ...

... dass die Rose an einem warmen, sonnigen Tag ihren Duft besonders gut entwickelt? Das ist auch der beste Zeitpunkt, um die Blätter zu ernten. Achten Sie aber darauf, dass die Rosen nicht gespritzt wurden.

Lakritzlikör

ca.
40 Vol.-%

Zutaten:

(für ca. 2 Flaschen à 350 ml)

300 g Lakritzbonbons
700 ml Wodka, 40 Vol.-%

Wussten Sie …

… dass Lakritz aus der Wurzel von Süßholz hergestellt wird? Dessen schleimlösende Wirkung war schon in der Antike bekannt, weshalb es damals als Heilmittel galt. Zu große Mengen sollte man nicht davon einnehmen, denn dann kann es zu Bluthochdruck führen.

Zubereitung:

1. Die Lakritzbonbons in ein großes Einmachglas oder ein anderes großes Gefäß geben. Den Wodka über die Bonbons gießen und dann das Glas fest verschließen.
2. Den Likör 2 Tage ruhen lassen und dabei ab und zu schütteln, damit sich die Bonbons auflösen.
3. Den fertigen Likör in die Flaschen abfüllen.

Anislikör

Zutaten:

(für ca. 2 Flaschen à 400 ml)

50 g Anissamen
1 unbehandelte Zitrone
1 Zimtstange
4 Sternanis
2 Gewürznelken
3 EL brauner Kandiszucker
500 ml Wodka, 40 Vol.-%

Zubereitung:

1. Die Anissamen im Mörser grob zerstoßen. Von der Zitrone die Schale abreiben. Die Zimtstange halbieren.

2. 300 ml Wasser in einem Topf erhitzen, die Anissamen, die Zitronenschale, die Zimtstange, den Sternanis, die Gewürznelken und den Kandiszucker hinzugeben und alles ca. 10 Minuten köcheln lassen. Dann den Sud erkalten lassen.

3. Den Sud durch ein doppelt zusammengelegtes Mulltuch abfiltern, die Flüssigkeit mit dem Wodka vermischen und in ein fest verschließbares Glasgefäß füllen.

4. Den Ansatz ca. 8 Wochen an einem dunklen Ort ziehen lassen und gelegentlich schütteln. Dann in Flaschen abfüllen.

Wussten Sie …

… dass Anis nicht nur in Asien, sondern auch in den südöstlichen Mittelmeerländern heimisch ist? Er gehört zu den Doldenblütlern. Anispflanzen blühen zwischen Juli und August in weißen Dolden.

Kümmellikör

Zutaten:
(für ca. 4 Flaschen à 250 ml)

3 EL Kümmelsamen
1 Sternanis
1 TL rosa Beeren
1 EL Honig
etwas gemahlener Pfeffer
250 g weißer Kandiszucker
ein paar Körner Meersalz
700 ml Korn, 36 Vol.-%

ca. 25 Vol.-%

Zubereitung:

1. Den Sternanis und die rosa Beeren in einem Mörser grob zerkleinern.

2. Den Kümmel, den Kandiszucker sowie den Sternanis und die rosa Beeren mit 250 ml Wasser in einen Topf geben, zum Kochen bringen und ca. 5 Minuten köcheln lassen. Jetzt den Honig, den gemahlenen Pfeffer und das Salz zugeben und den Sud erkalten lassen.

3. Den abgekühlten Sud mit dem Korn in ein fest verschließbares Glasgefäß geben und ca. 4 Wochen an einem dunklen Ort ziehen lassen, dabei gelegentlich schütteln.

4. Nach dieser Zeit den Ansatz durch einen Kaffeefilter laufen lassen. Den Kümmellikör in Glasflaschen umfüllen und vor dem ersten Kosten noch etwas ruhen lassen.

Waldmeisterlikör

ca. 22 Vol.-%

Zutaten:

(für ca. 3 Flaschen à 300 ml)

12 Stängel frischer Waldmeister
1 Vanilleschote
Schale einer halben unbehandelten Zitrone
Schale einer halben unbehandelten Orange
500 ml Wodka, 40 Vol.-%
125 g Zucker
1 Messerspitze Zitronensäure

Zubereitung:

1. Den Waldmeister leicht welken lassen. Dann die Stiele etwas kürzen und alles in ein großes Einmachglas geben. Die Vanilleschote der Länge nach aufschneiden und dazugeben.

2. Die Schalen der Zitrone und der Orange ebenfalls in das Glas geben und mit dem Wodka aufgießen. Das Glas fest verschließen, gut schütteln und an einem schattigen Platz ca. 6 Tage ziehen lassen. Zwischendurch immer wieder schütteln.

3. Nach Ablauf der Zeit 400 ml Wasser mit dem Zucker in einem Kochtopf verrühren und aufkochen lassen. Die Temperatur zurückdrehen und 10 Minuten leicht sprudelnd ohne Deckel weiter kochen lassen, dabei nicht umrühren. Dann vom Herd nehmen, die Zitronensäure dazugeben und auskühlen lassen.

4. Den Wodka durch ein Sieb in die Flaschen abfüllen, den Zuckersirup dazugießen und gut vermischen. Den Likör erneut 1 bis 2 Wochen an einem kühlen Ort ziehen lassen.

Bierlikör

Zutaten:

(für ca. 2 Flaschen à 300 ml)

400 ml Schwarzbier
200 g Zucker
1 Vanilleschote
200 ml Korn, 38 Vol.-%

Zubereitung:

1. Das Bier mit dem Zucker in einen Topf geben. Die Vanilleschote aufschlitzen und dazugeben. Alles zusammen erwärmen, aber nicht kochen lassen. Den Korn dazugießen.

2. Den Likör in die Flaschen füllen und im Kühlschrank 2 Tage durchziehen lassen.

ca.
16 Vol.-%

Wussten Sie …

… dass Sie sowohl Farbe als auch Aroma durch die Biersorte beeinflussen können? Mit dunklem Bier wird der Likör dunkler und mit hellem etwas leichter im Geschmack. Für eine weihnachtliche Note kann man noch etwas Zimt hinzufügen.

Teelikör

Wussten Sie …

… dass das in schwarzem Tee enthaltene Teein die gleiche, belebende Wirkung wie Koffein hat? Die Wirkung ist beim Tee zwar etwas schwächer, dafür hält sie aber länger an.

ca.
10 Vol.-%

Zutaten:

(für 2 Flaschen à 500 ml)

125 g Zucker
25 g Schwarztee
250 ml Cognac, 40 Vol.-%
2 Vanilleschoten

Zubereitung:

1. Den Zucker mit 125 ml Wasser in einem Topf vermischen, unter ständigem Rühren aufkochen und 2 Minuten kochen lassen. Den Topf vom Herd nehmen und abkühlen lassen.

2. Den schwarzen Tee mit 600 ml kochendem Wasser aufbrühen, ca. 3 Minuten ziehen lassen und durch ein Sieb abgießen. Das Zuckerwasser dazugießen. Den Cognac hinzufügen und gut verrühren.

3. Die Vanilleschoten der Länge nach aufschneiden und in je eine Flasche geben. Den Likör in die Flaschen abfüllen, fest verschließen und an einem dunklen, kühlen Ort ca. 2 Wochen ziehen lassen.

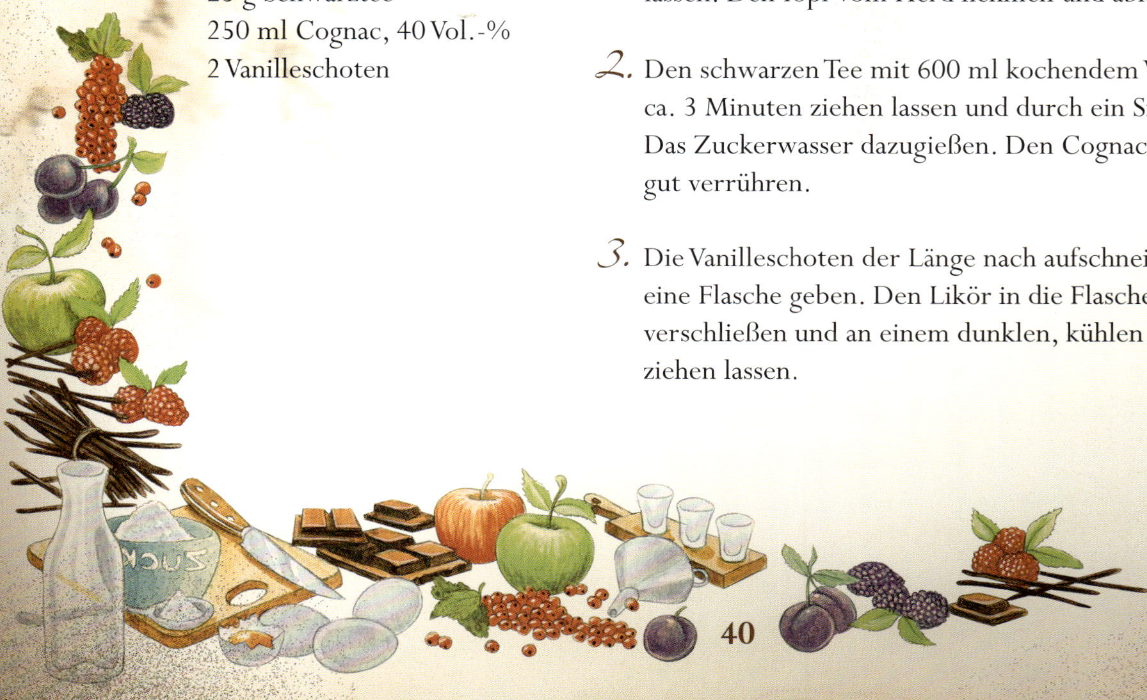

Kaffeelikör

ca.
29 Vol.-%

Zutaten:

(für ca. 2 Flaschen à 350 ml)

1 Vanillestange
5 EL Kaffeebohnen
3 EL Kandiszucker
500 ml Wodka, 40 Vol.-%

Zubereitung:

1. Die Vanillestange längs halbieren. Die Kaffeebohnen und die Vanillehälften in ein fest verschließbares Glasgefäß geben und den Wodka darauf gießen.

2. Im Anschluss den Ansatz ca. 8 Wochen an einem dunklen Ort ziehen lassen und gelegentlich schütteln.

3. Nach dieser Zeit den Ansatz abfiltern. 200 ml Wasser in einem Topf erhitzen, den Kandiszucker darin auflösen und erkalten lassen.

4. Den Kaffeelikör mit dem Zuckerwasser vermischen und in Glasflaschen abfüllen.

ca.
36 Vol.-%

Walnusslikör

Zutaten:

(für ca. 2 Flaschen à 350 ml)

10 grüne Walnüsse
(Anfang Juli gepflückt)
½ Zimtstange
2 Gewürznelken
3 EL brauner Kandiszucker
700 ml Korn, 36 Vol.-%

Zubereitung:

1. Die frischen, grünen Walnüsse mit einem scharfen Messer vierteln.

2. Die Walnussviertel, die Zimtstange, die Gewürznelken und den Kandiszucker mit dem Korn in ein fest verschließbares Glasgefäß geben und ca. 8 Wochen an einem dunklen Ort ziehen lassen, dabei gelegentlich schütteln.

3. Nach dieser Zeit den Ansatz probieren: Er sollte richtig süß-nussig schmecken. Sollte das noch nicht der Fall sein, dann ca. 3 Esslöffel braunen Kandiszucker in 50 ml lauwarmem Wasser auflösen und mit dem Ansatz vermischen.

4. Den Ansatz durch ein feines Sieb oder ein Tuch abfiltern und den Likör in Glasflaschen abfüllen.

Wussten Sie …

… dass zahlreiche wissenschaftliche Studien immer wieder den positiven Effekt der Walnuss auf die Herzgesundheit festgestellt haben? Der Grund dafür ist, dass schon 50 g reife Walnüsse den Tagesbedarf eines Erwachsenen an sogenannten Omega-3-Fettsäuren decken. Das sind lebensnotwendige Säuren, welche die menschlichen Zellen gegen den Angriff von sogenannten „freien Radikalen“ schützen. Diese Fettsäuren kann unser Körper nicht selbst produzieren und sie müssen daher mit der Nahrung aufgenommen werden.

Weintraubenlikör

ca. 24 Vol.-%

Zutaten:

(für ca. 4 Flaschen à 200 ml)

500 g helle Weintrauben
2–3 EL weißer Kandiszucker
(je nach Süße der Trauben)
500 ml Grappa, 38 Vol.-%

Zubereitung:

1. Die Weintrauben waschen, halbieren, mit dem Zucker und 70 ml Wasser in einen Topf geben und bei geschlossenem Deckel ca. 5 Minuten köcheln, bis ein Mus entstanden ist.

2. Das Mus in ein fest verschließbares Glasgefäß geben, den Grappa dazugießen und ca. 6 Wochen an einem dunklen Ort ziehen lassen, dabei gelegentlich schütteln.

3. Nach dieser Reifezeit den Weintraubenansatz durch ein Mull- oder Leinentuch filtern und den Likör in Glasflaschen abfüllen.

4. Eine Handvoll frische Weintrauben zur Dekoration der Flaschen waschen, halbieren, die Kerne entfernen und die Trauben zu dem Likör geben.

Rotweinlikör

ca. 17 Vol.-%

Zutaten:

(für ca. 3 Flaschen à 400 ml)

1 Vanillestange
3 EL Zucker
200 ml roter Traubensaft
700 ml Rotwein (Landwein)
300 ml Grappa, 38 Vol.-%

Wussten Sie …

… dass deutscher Tafelwein nur aus Trauben der Region, aus welcher der Wein stammt, gekeltert werden darf? Andere Länder verwenden ähnliche Bezeichnungen für ihre heimischen Weine. In Frankreich nennt man sie beispielsweise „Vin de Pays“.

Zubereitung:

1. Die Vanillestange längs halbieren und das Mark herauskratzen.

2. Das Vanillemark mit dem Zucker und dem Traubensaft in einen Topf geben und zum Kochen bringen. Den Sud im Topf erkalten lassen.

3. Den Sud abfiltern, mit dem Rotwein und dem Grappa vermischen und in Glasflaschen abfüllen.

Zitronenlikör

ca.
18 Vol.-%

Zutaten:

(für ca. 5 Flaschen à 250 ml)

3 unbehandelte Zitronen
100 g Zucker
700 ml Korn, 32 Vol.-%

Zubereitung:

1. Die Zitronen mit heißem Wasser gründlich abwaschen. Dann mit einem Zestenreißer die Schale von den Zitronen abziehen. Einen Teil der Zesten für das Einlegen in den fertigen Likör beiseitelegen. Die Zitronen halbieren und auspressen, den Saft auffangen.

2. 250 ml Wasser mit dem Zucker und den Zitronenzesten in einen Topf geben und aufkochen. Der Sud sollte ca. 5 Minuten köcheln, dann abkühlen lassen.

3. Wenn das Zuckerwasser abgekühlt ist, den Zitronensaft einrühren und alles durch ein sehr feines Sieb abschütten. Die Zitronenflüssigkeit mit dem Korn vermischen und das Ganze zusammen mit den übrigen Zitronenzesten in Glasflaschen füllen. Der Likör ist dann trinkfertig.

Ingwerlikör

ca.
29 Vol.-%

Zutaten:

(für ca. 2 Flaschen
à 350 ml)

1 Stück Ingwer (ca. 5 cm lang und 2 cm dick)
1 unbehandelte Zitrone
3 EL weißer Kandiszucker
500 ml Wodka, 40 Vol.-%

Zubereitung:

1. Den Ingwer schälen und in sehr feine Streifen schneiden. Von der Zitrone mit einem Zestenreißer feine Streifen abziehen.

2. Die Ingwerstreifen und die Zitronenzesten mit dem Kandiszucker und 200 ml Wasser in einen Topf geben und alles ca. 7 Minuten köcheln lassen. Anschließend den Sud im Topf erkalten lassen.

3. Wenn der Ingwersud erkaltet ist, die Zitronenzesten herausnehmen, den Wodka unterrühren und in ein fest verschließbares Glasgefäß umfüllen.

4. Den Ingwerlikör ca. 6 Wochen ziehen lassen, gelegentlich schütteln. Er wird mit den Ingwerstücken genossen.

Orangenlikör

Zutaten:

(für ca. 4 Flaschen à 325 ml)

5 unbehandelte Orangen
 (ergeben ca. 400 ml Saft)
3 EL weißer Kandiszucker
700 ml weißer Rum, 40 Vol.-%

ca. 22 Vol.-%

Zubereitung:

1. Die Orangen mit heißem Wasser gründlich abwaschen. Dann mit einem Zestenreißer von zwei der Orangen die Schale abziehen.

2. Einen Teil der Zesten für das Einlegen in den fertigen Likör beiseitelegen. Die Orangen halbieren und auspressen, den Saft auffangen.

3. 200 ml Wasser mit dem Zucker und den Orangenzesten in einen Topf geben und aufkochen. Der Sud sollte ca. 5 Minuten köcheln, dann abkühlen lassen.

4. Wenn das Zuckerwasser abgekühlt ist, den Orangensaft einrühren und alles durch ein feines Sieb abschütten. Die Orangenflüssigkeit mit dem Rum vermischen. Die restlichen Zesten in ein fest verschließbares Gefäß geben und mit dem Sud auffüllen.

5. Den Ansatz ca. 4 Wochen an einem dunklen Ort ziehen lassen und gelegentlich schütteln. Dann den fertigen Likör in Flaschen abfüllen.

Wussten Sie ...

... dass Orangen zahlreiche Vitamine, vor allem aber Vitamin C, enthalten? Orangensaft kann man auch sehr gut zum Mixen von Getränken nehmen, z. B. für einen alkoholfreien Punsch an besonders kalten Tagen. Auch dieser Orangenlikör kann mit seiner leicht bitteren Note zahlreiche Getränke beigegeben werden.

Kirschlikör

ca. 18 Vol.-%

Zutaten:

(für ca. 4 Flaschen à 200 ml)

600 g frische Süßkirschen
1 kleines Stück Zimtstange
1 Gewürznelke
1 Stück unbehandelte Orangenschale
2 EL weißer Kandiszucker
500 ml Korn, 36 Vol.-%

Zubereitung:

1. Die Kirschen waschen, putzen und entsteinen.

2. Die Zimtstange, die Gewürznelke, die Orangenschale, den Kandiszucker und 100 ml Wasser mit den Kirschen in einen Topf geben. Das Ganze kochen (ca. 7 Minuten), bis ein Mus entstanden ist.

3. Alles auf ein Mulltuch geben, gründlich abtropfen lassen und den Saft auffangen.

4. Den so entstandenen Kirschsaft mit dem Korn vermischen und in ein fest verschließbares Glasgefäß füllen.

5. Den Ansatz ca. 8 Wochen an einem dunklen Ort ziehen lassen und gelegentlich schütteln. Dann in Flaschen abfüllen.

Wussten Sie …

… dass Kirschen nicht nur lecker, sondern auch gesund sind? Ein halber Liter Kirschsaft deckt den Vitamin-C-Bedarf eines ganzen Tages. Außerdem sollen die in den Kirschen enthaltenen Stoffe für eine schöne Haut sorgen und darüber hinaus Entzündungen hemmen.

Stachelbeerlikör

Zutaten:
(für ca. 3 Flaschen à 250 ml)

500 g Stachelbeeren
125 g weißer Zucker
125 g brauner Zucker
700 ml Wodka, 40 Vol.-%

Zubereitung:

1. Die Stachelbeeren waschen und mit Küchenkrepp trocken tupfen. Mit dem Zucker in ein großes Einmachglas geben und mit dem Wodka übergießen.

2. Das Glas fest verschließen und mindestens 8 Wochen ziehen lassen. Alle 2 bis 3 Tage das Glas gut schütteln.

3. Danach den Likör filtern und in Flaschen abfüllen. Wenn der Likör zu stark schmeckt, können Sie ihn mit etwas Wasser verdünnen. Wenn Sie den Likör in bauchige Flaschen mit entsprechend großer Öffnung abfüllen, können Sie einige ganze Stachelbeeren dazugeben.

ca. 37 Vol.-%

Wussten Sie ...

... dass Stachelbeeren einen hohen Vitamin-C-Gehalt haben? Das beste Aroma entwickeln sie, wenn sie fast überreif sind. Dann geben sie im Likör die meisten Geschmacksstoffe ab.

Holunderbeerlikör

Zutaten:

(für ca. 2 Flaschen à 500 ml)

ca. 20 Vol.-%

1200 g frische Holunderbeeren
1 Vanillestange
½ Zimtstange
1 Zitrone
3 EL brauner Kandiszucker
500 ml Wodka, 40 Vol.-%

Zubereitung:

1. Die Holunderbeeren waschen, die Vanillestange längs halbieren und die Zimtstange etwas zerdrücken. Die Zitrone auspressen und den Saft auffangen.

2. Die Holunderbeeren, die Vanille, den Zimt, einen Esslöffel Zitronensaft und den Kandiszucker in einen Topf geben, 100 ml Wasser zugießen und das Ganze ca. 10 Minuten köcheln lassen. Dann die Holunderbeeren mit einer Gabel zerdrücken und erkalten lassen.

3. Den Wodka hinzugeben, alles miteinander verrühren und in ein fest verschließbares Glasgefäß füllen. Den Beerenansatz ca. 8 Wochen an einem dunklen Ort ziehen lassen und gelegentlich schütteln.

4. Nach dieser Zeit den Ansatz durch ein doppelt zusammengelegtes Mulltuch filtern, das Tuch sorgfältig auswringen und den Likör in Glasflaschen abfüllen.

Wussten Sie …

… dass sich die Erntezeit für die Holunderbeeren je nach Region und Wetterverlauf von Anfang September bis in die erste Oktoberwoche hineinziehen kann? So können längere und kältere Winter z. B. bis zu 14 Tage Verzögerung bedeuten. Bei der Ernte sollten Sie beachten, wirklich nur die vollreifen Früchte abzunehmen. Die unreifen grünen bis roten Beeren enthalten giftige Bestandteile.

Erdbeerlikör

ca. 35 Vol.-%

Zutaten:
(für ca. 2 Flaschen à 400 ml)

250 g kleine, reife Erdbeeren
250 g Zucker oder
Kandiszucker
700 ml Rum, 40 Vol.-%

Zubereitung:

1. Die Erdbeeren waschen und putzen. Zusammen mit dem Zucker bzw. Kandiszucker in ein großes Einmachglas oder eine Flasche mit großer Öffnung geben und mit dem Rum auffüllen.

2. Das Glas fest verschließen und ca. 4 Wochen an einem dunklen Ort ziehen lassen.

3. Nach 4 Wochen den Likör durch ein Sieb gießen und in die Flaschen füllen. Den Likör vor der Verwendung noch eine Woche ruhen lassen.

Wussten Sie …

… dass die kleinen Walderdbeeren viel aromatischer sind als die Gartenerdbeeren? Da man selten Walderdbeeren zur Verfügung hat, ist es empfehlenswert, darauf zu achten, dass die verwendeten Erdbeeren reif und möglichst klein und süß sind, um das volle Aroma zu erhalten.

Himbeerlikör

Zutaten:

(für ca. 2 Flaschen à 300 ml)

520 ml Doppelkorn, 38 Vol.-%
220 g Zucker
1 Vanilleschote
220 g Himbeeren

Zubereitung:

1. Den Korn und den Zucker in ein großes Einmachglas geben und gut durchmischen. Die Vanilleschote der Länge nach aufschlitzen und zusammen mit den Himbeeren dazugeben.

2. Das Glas fest verschließen und an einem lichtdurchfluteten Ort 5 bis 6 Wochen gut durchziehen lassen.

3. Nach dieser Zeit den Likör durch ein Sieb streichen und dann durch ein Baumwolltuch filtern. Den fertigen Himbeerlikör in Flaschen füllen und kühl und dunkel lagern.

ca. 33 Vol.-%

Heidelbeerlikör

ca.
28 Vol.-%

Zutaten:

(für ca. 2 Flaschen à 500 ml)

800 g frische Heidelbeeren
1 Vanillestange
½ Zimtstange
1 Zitrone
2 Gewürznelken
3 EL brauner Kandiszucker
700 ml Wodka, 40 Vol.-%

Zubereitung:

1. Die Heidelbeeren waschen und in einen Topf geben. Die Vanillestange längs halbieren und die Zimtstange etwas zerdrücken. Die Zitrone auspressen und den Saft auffangen.

2. Die Vanille, den Zimt, einen Esslöffel Zitronensaft, die Gewürznelken und den Kandiszucker zu den Heidelbeeren geben, 100 ml Wasser zugießen und das Ganze ca. 5 Minuten köcheln lassen. Dann die Heidelbeeren mit einer Gabel zerdrücken und erkalten lassen.

3. Den Wodka hinzugeben, alles miteinander verrühren und in ein fest verschließbares Glasgefäß füllen. Den Heidelbeeransatz ca. 8 Wochen an einem dunklen Ort ziehen lassen und gelegentlich schütteln.

4. Nach dieser Zeit den Ansatz durch ein doppelt zusammengelegtes Mulltuch filtern, das Tuch gründlich auswringen und den Likör in Glasflaschen abfüllen.

Wussten Sie …

… dass Heidelbeeren äußerst gesund sind? Sie enthalten sehr viel Karotin, Vitamin B6, Magnesium sowie Vitamin C. Die deutsche Heidelbeersaison geht von Mitte Juli bis in den September hinein. Die leckeren Beeren lassen sich sowohl frisch verzehren als auch in der Küche verwenden. Leider halten die Früchte nicht allzu lange. Daher sollten sie immer im Kühlschrank aufbewahrt und so bald wie möglich verwertet werden.

Johannisbeerlikör

Zutaten:
(für ca. 5 Flaschen
à 200 ml)

800 g frische, schwarze
Johannisbeeren
1 Gewürznelke
1 Lorbeerblatt
3 EL brauner Kandiszucker
ein paar Körner Meersalz
700 ml Korn, 36 Vol.-%

Zubereitung:

1. Die Johannisbeeren waschen und in ein fest verschließbares Glasgefäß geben. Die Gewürznelke, das Lorbeerblatt sowie den Zucker und das Salz dazugeben und mit dem Korn auffüllen.

2. Den Ansatz ca. 8 Wochen an einem dunklen Ort ziehen lassen und gelegentlich schütteln.

3. Nach dieser Zeit durch ein Mulltuch abfiltern. Das Mulltuch danach kräftig auswringen, sodass der gesamte Saft herausgepresst wird. Den Saft mit 100 ml Wasser vermischen und den Likör gegebenenfalls nochmals mit Zucker abschmecken. Anschließend den Likör in Glasflaschen abfüllen.

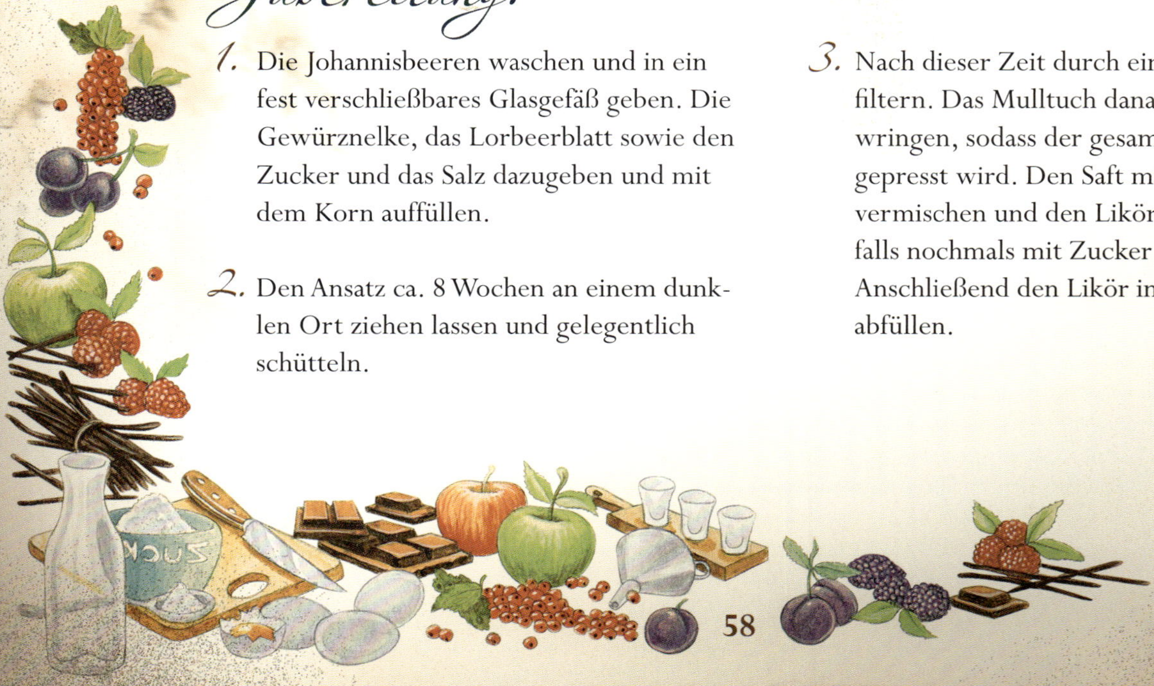

Brombeerlikör

ca.
18 Vol.-%

Wussten Sie …

… dass es schwarze, dunkelrote oder sogar gelblich-weiße Sorten Brombeeren gibt? Haben sie ihre volle Reife erreicht, schmecken sie süß. Da Brombeeren nach dem Pflücken kaum mehr nachreifen, werden sie erst bei Vollreife geerntet. Frische Früchte sollten fest und dick sein und glänzen.

Zutaten:

(für ca. 5 Flaschen à 200 ml)

800 g frische, reife Brombeeren
1 Handvoll junge, grüne Brombeerblätter
500 ml Korn, 36 Vol.-%
2 EL brauner Kandiszucker

Zubereitung:

1. Die Brombeeren und die Blätter waschen.

2. Die Beeren, die Blätter und den Korn in ein fest verschließbares Glasgefäß geben. Das Ganze ca. 8 Wochen an einem dunklen Ort ziehen lassen und gelegentlich schütteln.

3. Nach dieser Zeit den Ansatz durch ein Mull- oder Leinentuch abschütten. 200 ml Wasser erhitzen und den Kandiszucker darin auflösen.

4. Wenn das Zuckerwasser abgekühlt ist, mit dem Brombeerlikör vermischen und in Glasflaschen füllen.

Quittenlikör

Zutaten:
(für 4 Flaschen à 250 ml)

4 Quitten
1 Sternanis
1 Zimtstange
1 Gewürznelke
3 EL Zucker
700 ml Korn, 36 Vol.-%

Zubereitung:

1. Die Quitten schälen und mit dem Kerngehäuse in kleine Stücke schneiden.

2. Die Quittenstücke, den Sternanis, die Zimtstange, die Gewürznelke und den Zucker mit 300 ml Wasser ohne Deckel 4 Minuten sprudelnd kochen. Dann den Topf vom Herd nehmen und das Ganze erkalten lassen.

3. Die gekochten Quitten in ein fest verschließbares Glasgefäß geben und mit dem Korn auffüllen.

4. Den Ansatz ca. 8 Wochen an einem dunklen Ort ziehen lassen, gelegentlich schütteln.

5. Den Quittenansatz durch ein doppelt zusammengelegtes Mulltuch filtern und den Likör in Glasflaschen füllen.

Wussten Sie …

… dass man die Quitte fast als die Urform unseres Obstes bezeichnen könnte? Dabei ist die Quitte den Jüngeren heute leider kaum noch bekannt. In voller Reife leuchten die je nach Sorte apfel- oder birnenförmigen Früchte wie Zitronen und verströmen weithin ihren wunderbaren Duft. Sie werden häufig für die „Veredelung" von Obstbäumen verwendet, da die Quitte als sehr robust gilt. So wachsen viele Obstbäume nicht auf ihren eigenen Wurzeln, sondern eben auf der fremden „Unterlage" des Quittenbaums.

ca.
25 Vol.-%

Schlehenlikör

ca. 25 Vol.-%

Zutaten:

(für ca. 5 Flaschen à 200 ml)

600 g frische Schlehenbeeren
1 Zimtstange
3 Gewürznelken
3 EL weißer Kandiszucker
700 ml Korn, 36 Vol.-%

Zubereitung:

1. Die Schlehen waschen und entsteinen. Die entstandenen Fruchtstücke mit dem Zimt, den Gewürznelken, dem Zucker und 100 ml Wasser in einen Topf geben. Bei geschlossenem Deckel ca. 10 Minuten köcheln lassen.

2. Das Schlehenmus durch ein Sieb streichen, in ein fest verschließbares Glasgefäß geben und mit dem Korn vermischen.

3. Den Ansatz ca. 8 Wochen an einem dunklen Ort ziehen lassen und gelegentlich schütteln.

4. Nach dieser Zeit das Ganze durch ein doppelt zusammengelegtes Mulltuch filtern und in Glasflaschen umfüllen.

Wussten Sie …

… dass sich der Schlehenlikör auch wunderbar als Heißgetränk genießen lässt. Dafür kann er in einer netten Runde auf dem Tisch über Kerzen erhitzt werden. Er wird dann löffelweise getrunken. Vor allem an kalten, ungemütlichen Winterabenden ist er ein wärmender Genuss. Probieren Sie auch mal den erhitzten Schlehenlikör als Beigabe zu einem heißen Schwarztee – köstlich!

Wacholderlikör

ca. 28 Vol.-%

Zutaten:

(für ca. 2 Flaschen à 350 ml)

3 EL Wacholderbeeren
1 Stück Ingwer (ca. 2 cm lang)
1 Sternanis
3 EL brauner Kandiszucker
500 ml Wodka, 40 Vol.-%

Zubereitung:

1. Die Wacholderbeeren mit einem breiten Messer zerdrücken. Den Ingwer schälen und in kleine Stücke schneiden.

2. 200 ml Wasser in einem Topf erhitzen, die Wacholderbeeren, den Ingwer, den Sternanis und den Kandiszucker zugeben. Alles ca. 5 Minuten köcheln und dann im Topf erkalten lassen.

3. Wenn der Sud erkaltet ist, den Wodka zugeben und das Ganze in ein fest verschließbares Glasgefäß geben. Den Ansatz ca. 8 Wochen an einem dunklen Ort ziehen lassen und gelegentlich schütteln.

4. Nach dieser Zeit den Sud durch ein doppelt zusammengelegtes Mulltuch abfiltern, in Glasflaschen abfüllen und genießen.

Hagebuttenlikör

ca.
27 Vol.-%

Zutaten:
(für ca. 3 Flaschen à 300 ml)

1 unbehandelte Zitrone
400 g frische Hagebutten
600 ml weißer Rum, 40 Vol.-%
3 EL weißer Kandiszucker

Zubereitung:

1. Die Zitrone mit heißem Wasser abwaschen und in 3 cm dicke Stücke schneiden. Die Hagebutten putzen, waschen und gut abtropfen lassen. Die Früchte längs halbieren und in einem Topf mit einem Kartoffelstampfer zerdrücken.

2. Die Hagebuttenmasse mit den Zitronenstücken in ein fest verschließbares Glasgefäß füllen. Den Rum darübergießen und ca. 3 Wochen an einem dunklen Ort ziehen lassen, dabei gelegentlich schütteln.

3. 250 ml Wasser in einem Topf erhitzen und den Kandiszucker darin auflösen. Anschließend das Zuckerwasser erkalten lassen.

4. Den Ansatz durch ein Mull- oder Leinentuch filtern, die Flüssigkeit auffangen und mit dem Zuckerwasser vermischen. Den Hagebuttenlikör in Glasflaschen füllen und noch ca. 2 Wochen ruhen lassen.

Sanddornlikör

ca.
17 Vol.-%

Zutaten:

(für ca. 4 Flaschen à 300 ml)

500 ml Sanddornsaft
1 TL Wacholderbeeren
100 g Zucker
500 ml Wacholderschnaps, 40 Vol.-%

Zubereitung:

1. Die Wacholderbeeren mit einem breiten Messer zerdrücken.

2. 200 ml Wasser mit dem Zucker und den zerdrückten Wacholderbeeren in einen Topf geben und aufkochen. Der Sud sollte ca. 5 Minuten köcheln, dann abkühlen lassen.

3. Wenn das Zuckerwasser abgekühlt ist, den Sanddornsaft einrühren und alles durch ein feines Sieb abschütten. Die Sanddornflüssigkeit mit dem Wacholderschnaps vermischen und in ein fest verschließbares Glasgefäß abfüllen.

4. Den Ansatz ca. 8 Wochen an einem dunklen Ort ziehen lassen und gelegentlich schütteln.

Wussten Sie …

… dass Sanddornbeeren einen sehr hohen Vitamin-C-Gehalt haben (ca. 450 mg je 100 g)? Dies übersteigt den einer Zitrone oder Orange (beide verfügen nur über etwa 50 mg je 100 g) um fast das Zehnfache. Darüber hinaus weist der Sanddorn einen bedeutenden Gehalt an Beta-Karotin und Gerbstoffen auf. Zum Rohgenuss ist er zwar nicht geeignet, in Form von Likör verarbeitet ist Sanddorn jedoch sehr gut zu genießen und sogar gesund.

Holunderblütenlikör

Zutaten:
(für ca. 5 Flaschen à 1 l)

750 g Zucker
40 g Zitronensäure
Saft von 3 Zitronen
40 Holunderblütendolden
2 l Korn, 38 Vol.-%

Zubereitung:

1. Den Zucker mit der Zitronensäure, dem Zitronensaft und 3 Litern Wasser aufkochen. Die Blüten verlesen, von eventuellen Krabbeltierchen befreien und in einen großen Topf legen. Mit dem Zuckerwasser übergießen und abgedeckt 1 bis 2 Tage ziehen lassen.

2. Danach das Holunderwasser durch ein Leinen- oder Mulltuch gießen und filtern. Die aufgefangenen Blüten noch einmal mit der Hand auspressen.

3. Zum Schluss den Korn dazugießen, umrühren und in Flaschen abfüllen. Den Likör kühl und dunkel lagern.

Wussten Sie …

… dass Holunder in Norddeutschland als „Fliederbeere“ bekannt ist? So wird schon seit jeher „Fliedertee“ gegen Erkältung und Fieber eingesetzt. Denn die reifen Holunderbeeren enthalten sehr viel Vitamin C.

Honiglikör

ca.
35 Vol.-%

Zutaten:

(für ca. 4 Flaschen à 200 ml)

700 ml Wodka, 40 Vol.-%
400 g Honig
1 unbehandelte Zitrone
1–2 Zimtstangen
1 kleines Stück Ingwer
2–5 Nelken
2 Anissterne
1 Vanilleschote

Zubereitung:

1. Den Wodka in ein großes Einmachglas füllen, den Honig dazu geben und alles gut verrühren. Die Zitrone heiß waschen und abtrocknen. Mit einem Sparschäler die Schale dünn abschälen und mit den Zimtstangen, dem Ingwer, den Nelken und dem Anis in das Glas dazugeben.

2. Die Vanilleschote der Länge nach aufschneiden, halbieren und ebenfalls dazugeben. Alles gut verrühren, das Glas fest verschließen und ca. 3 Wochen an einen dunklen Ort stellen.

3. Den Likör einmal täglich schütteln und nach Ablauf der 3 Wochen durch ein Sieb in kleinere Flaschen abfüllen. Dann den Likör weitere 3 Wochen reifen lassen.

Kakaolikör

Zutaten:
(für ca. 2 Flaschen à 325 ml)

6 EL Kakao
125 ml süße Sahne
1 Msp. gemahlener Zimt
1 Msp. Chilipulver
3 EL Puderzucker
500 ml Rum, 40 Vol.-%

Zubereitung:

1. Die Sahne in einem Topf oder einer Schüssel im Wasserbad leicht erwärmen (auf ca. 50 °C) und den Kakao mit einem Schneebesen in die Sahne einrühren. Anschließend Zimt, Chilipulver und Puderzucker hinzugeben.

2. Die Kakaosahne abkühlen lassen, den Rum unterrühren und mit Puderzucker abschmecken.

3. Dann den fertigen Kakaolikör in Glasflaschen füllen. Diesen Likör sollten Sie im Kühlschrank lagern, er ist zum baldigen Verbrauch (ca. 4 Wochen) bestimmt.

Nougatlikör

Zutaten:
(für ca. 2 Flaschen à 300 ml)

½ Vanillestange
150 g Nougat
3 Eigelb
1 EL Puderzucker
150 ml süße Sahne
350 ml Rum, 40 Vol.-%

Zubereitung:

1. Die Vanillestange längs halbieren und das Mark mit einem Messer herauskratzen. Den Nougat in sehr feine Würfel schneiden.

2. Die Nougatwürfel zusammen mit dem Vanillemark, den Eigelben und dem Puderzucker in einer Küchenmaschine zu einer cremigen Masse rühren.

3. Dann die Sahne langsam und in dünnem Strahl unter die Nougatmasse geben. Anschließend den Rum langsam unterrühren.

4. Den Likör in Glasflaschen füllen und kühl aufbewahren. Dieser Likör ist nur begrenzt haltbar (ca. 4 Wochen).

ca. 23 Vol.-%

Schokoladenlikör

Zutaten:

(für ca. 3 Flaschen à 300 ml)

100 g Zartbitter-Kuvertüre
100 g Zucker
50 g Kakaopulver
500 g süße Sahne
300 ml Weinbrand, 36 Vol.-%

Zubereitung:

1. Die Kuvertüre klein hacken und in einer Schüssel im Wasserbad schmelzen. Den Zucker mit dem Kakaopulver vermischen und mit 100 ml kaltem Wasser verrühren.

2. In einem Topf die Sahne aufkochen und mit einem Schneebesen den Kakao-Zucker-Brei und die geschmolzene Kuvertüre unterrühren. Dann den Topf vom Herd nehmen und abkühlen lassen, dabei ab und zu umrühren.

3. Wenn die Masse kalt ist, den Weinbrand untermischen und eventuell noch mit dem Pürierstab pürieren.

4. Den Likör in Flaschen füllen, fest verschließen und kühl und dunkel lagern. Den Likör vor dem Servieren gut schütteln.

Sahnebonbonlikör

Zutaten:
(für ca. 2 Flaschen à 450 ml)

245 g Sahnebonbons
700 ml Wodka, 40 Vol.-%
200 ml süße Sahne

ca. 31 Vol.-%

Zubereitung:

1. In ein großes Einmachglas oder ein anderes verschließbares Gefäß die Sahnebonbons geben. Mit dem Wodka aufgießen und ca. 3 Tage kühlstellen, bis sich die Bonbons aufgelöst haben.

2. Die Sahne dazugießen, alles gut verrühren und in Flaschen abfüllen. Im Kühlschrank aufbewahren und innerhalb 1 bis 2 Wochen verbrauchen, da der Likör wegen der enthaltenen Sahne nicht sehr lange haltbar ist.

Wussten Sie …

… dass Sie nach diesem Rezept auch aus Ihren Lieblingsbonbons einen leckeren Likör herstellen können? Probieren Sie doch einmal Fruchtbonbons oder Eisbonbons – dann sollten Sie allerdings die Sahne weglassen.

Weihnachtslikör

ca. 40 Vol.-%

Zutaten:

(für ca. 2 Flaschen à 350 ml)

125 g getrocknete Feigen
50 g Datteln
125 g getrocknete Pflaumen
1 gehäufter EL Rosinen
½ Vanillestange
½ Zimtstange
3 Gewürznelken
3 Pfefferkörner
1 Msp. Kardamomkapseln
1 EL Bienenhonig
3 EL brauner Kandiszucker
700 ml Weinbrand, 40 Vol.-%

Zubereitung:

1. Die Trockenfrüchte in ein fest verschließbares Glasgefäß geben und mit so viel Weinbrand übergießen, dass sie zu 2 cm damit bedeckt sind. Das Ganze ca. 1 Tag stehen lassen.

2. Dann die Gewürze, den Honig und den Kandiszucker hinzufügen und den restlichen Weinbrand darübergießen.

3. Den Likör ca. 4 Wochen an einem dunklen Ort ziehen lassen, gelegentlich schütteln. Dann die Früchte absieben und den Likör durch ein doppelt zusammengelegtes Mulltuch filtern, damit er schön klar wird. Anschließend den Likör in Glasflaschen füllen und genießen.

Wussten Sie …

… dass Kardamom zu den ältesten und wertvollsten Gewürzen der Welt gehört? Es gibt drei unterschiedliche „Sorten“: den grünen, den weißen und den schwarzen Kardamom. Der weiße ist mit Kalk gebleichter grüner Kardamom, der zwar hübsch anzusehen ist, aber durch das Bleichverfahren zu viel an Qualität und Geschmack verliert. Der schwarze ist eine andere Sorte mit einem anderen Geschmack. Auch er wird weniger geschätzt und oft als billiger Kardamomersatz gehandelt.

Eierlikör

Zutaten:

(für ca. 2 Flaschen à 500 ml)

5 Eigelb
1 Vanillestange
300 g Puderzucker
450 ml Milch
500 ml Korn, 36 Vol.-%
50 ml Weinbrand, 40 Vol.-%

Zubereitung:

1. Die Eier schon einige Stunden vor der Zubereitung aus dem Kühlschrank nehmen. Mit einem Messer die Vanillestange der Länge nach aufschneiden und das Mark herausschaben.

2. Das Vanillemark, 100 g Puderzucker und die Milch auf kleiner Flamme aufkochen und dann ca. 8 Minuten köcheln lassen. Danach durch ein Sieb seihen und erkalten lassen.

3. Die Eigelbe mit dem restlichen Puderzucker und der abgekühlten Vanillemilch zu einer dicken Creme aufschlagen. Dann den Korn und den Weinbrand einrühren und in ein fest verschließbares Glasgefäß füllen.

4. Den Eierlikör noch ein paar Tage an einem dunklen Ort (möglichst im Kühlschrank) ziehen lassen, gelegentlich schütteln. Den fertigen Eierlikör im Kühlschrank lagern, er ist zum baldigen Verbrauch (innerhalb von 4 Wochen) bestimmt. Vor dem Servieren sollte der Likör gut durchgeschüttelt werden.

Wussten Sie …

… dass Sie den Longdrink „blonder Engel“, mit diesem Eierlikör mixen können? Als Zutaten benötigen Sie 5 cl Eierlikör, 10 cl Orangensaft und gestoßenes Eis. Ein Longdrinkglas etwa zu ⅓ mit gestoßenem Eis füllen und den Eierlikör dazugeben. Kurz umrühren, dann je nach Geschmack mit Orangensaft auffüllen. Vor dem Servieren nochmals umrühren. Sie können diesen Longdrink auch mit Sekt oder Prosecco mischen.

ca.
20 Vol.-%

ca.
46 Vol.-%

Rumtopf

Zutaten:
(für 1 Rumtopf)

je 500 g Früchte der Saison (z. B. Erdbeeren, Himbeeren, Johannisbeeren, Kirschen, Stachelbeeren, Pflaumen, Mirabellen)
500 g Zucker, plus 250 g Zucker je 500 g Früchte
0,5 l Rum, 55 Vol.-%, je 500 g Früchte

Zubereitung:

1. Die jeweiligen Früchte verlesen, putzen und vorsichtig säubern. In einen großen Steintopf geben, mit dem Zucker bestreuen und mit dem Rum begießen, sodass sie bedeckt sind. Achtung: Bei der ersten Fruchtzugabe werden 500 g Zucker dazugegeben, danach bei jeder Fruchtzugabe je 250 g Zucker.

2. Den Topf gut mit einem Deckel verschließen und kühl und dunkel aufbewahren. Wenn die nächsten 500 g Früchte hinzugefügt werden, jeweils 250 g Zucker und 500 ml Rum dazugeben und dann wieder verschließen.

3. Diese Vorgehensweise wird bis zum Hinzufügen der letzten Früchte fortgesetzt. Diese müssen am Ende mit Rum bedeckt sein. Danach sollte der Rumtopf noch mindestens 4 Wochen reifen.

Wussten Sie …

… dass der Rumtopf traditionell am 1. Advent geöffnet wird? Er schmeckt besonders gut zu Vanilleis, zu Vanillepudding oder einfach nur mit geschlagener Sahne.

Rumtopf-Torte

Zutaten:

(für 1 Springform, Ø 26 cm)

200 g Margarine
180 g Zucker
4 Eier
200 g Mehl
1 Päckchen Backpulver
160 g gehackte Walnüsse
100 g Zartbitter-Schokostreusel
3 EL Rumtopf-Saft
200 g Marzipanrohmasse
400 g Rumtopf-Früchte
etwas Margarine zum Einfetten

Für die Dekoration:
200 g weiße Kuvertüre
12 Walnusshälften

Zubereitung:

1. Die Margarine, den Zucker und die Eier cremig rühren. Das Mehl mit dem Backpulver mischen und unterrühren. Dann die Walnüsse, die Schokostreusel und den Rumtopf-Saft untermischen.

2. Den Backofen auf 175 °C Ober- und Unterhitze vorheizen. Die Springform einfetten und mit ⅓ des Teiges auslegen. Die Marzipanrohmasse ausrollen und auf den Teig legen. Den restlichen Teig mit den Rumtopf-Früchten vermischen und auf die Marzipanplatte verteilen.

3. Den Kuchen im vorgeheizten Backofen 50–60 Minuten backen. Den fertigen Kuchen auskühlen lassen. Die Kuvertüre im Wasserbad schmelzen und den Kuchen damit bestreichen. Zum Schluss mit den Walnusshälften dekorieren.

Register

Genehmigte Lizenzausgabe
EDITION XXL GmbH
Industriestraße 19
64407 Fränkisch-Crumbach 2019
www.edition-xxl.de

Idee und Projektleitung: Sonja Sammüller
Layout, Satz und Umschlaggestaltung:
design cat GmbH

ISBN 978-3-89736-871-2

Bildnachweis
Shutterstock: 29october 30, 31; Akura Yochi 13; Alexey Lysenko 40; alicja neumiler 21; Atstock Productions 8, 71; Andrew Scherbackov 4–9, 11–19, 21–27, 29–31, 33–42, 44–47, 49–51, 53–55, 57–59, 61–62, 64–65, 67–73, 75, 77–79; Anna_Pustynnikova 25; Antonio Gravante 35; Bojsha 6; BUNDITINAY 19, 61; Christian Jung 23; colors 11; deryabinka 5; Dionisvera 7; Elena Veselova 72; Elgub 70; Freedomz 41; getideaka 59; Gow27 8–10, 12–19, 21–28, 30–31, 33–42, 44–48, 50–52, 54–55, 57–59, 61, 63–66, 68–73, 75, 77–78; HAKINMHAN 11, 18, 62; Hans Geel 5; Here 12, 64; HETIZIA 24; Jes2u.photo 58; Kukuruza Oksana 69; lcrms 38; LilKar 44, 45; Marian Weyo 6; Mia Stendal 37, 42, 57; nattha99 12; Nella 8–10, 12–16, 18–19, 23–24, 26–28, 32, 34–36, 39–40, 43, 45, 49–52, 54, 56, 59, 60, 63, 66, 68, 73–74, 76, 78; oatzpenz studio9; Oksana Mizina 73; Okrasyuk 15; Oksana_Slepko 26, 49; Piotr Krzeslak 47; Phongphan 75; Pixel-Shot 14, 65; primopiano 44, 45; quipu-art 77; Rostislav_ Sedlacek 68; S_Photo 36, 46, 67; Shaiith 54; Shaiith51; sichkarenko. com 55; Silberkorn 17; Svetlana Lukienko 4; Svittlana 39; TasiPas 22; weedezign 29, 53; Wiktory 34; Yuliia Kononenko 16; ziashusha 27

Alle weiteren Fotos: design cat GmbH